징검다리 건너

징검다리 건너

박영삼 시집

문예연구

시인의 말

청소년 시절부터 안경을 썼다. 안경을 벗으면 먼 데 풍경이 또렷이 안 보여 답답하지만, 오랜 세월 착용하다 보니 불편함을 크게 느끼지 못하고 살아간다.

안경 너머로 세상을 보고 사는 동안 내 안에서 '마음 안경'이 활동하고 있었다.

수많은 사물이 있고 풍경이 있고 알지 못하는 일이 기다리고 있다. 이미 지나간 일, 앞에 다가와 있는 것들, 앞으로 올 것들에 대하여 두 안경 너머로 밖과 안을 들여다본 것을 시로 쓰는 일은 위로가 되었다.

세월의 징검다리를 건너면 새로운 무엇이 기다리고 있으리라는 희망이 삶의 의미를 더하게 한다. 그동안 써 놓은 글을 정리하여 두 번째 시집을 세상에 내놓는다.

2025년 가을
박영삼

차례

시인의 말

제1부
시간의 형상

12 · 바람의 재주
13 · 말이 없다가
14 · 춤이 끝나고
15 · 다시 찾아와 펼치니
16 · 배꼽
17 · 뿌리의 유전
18 · 호랑나비가 길 잃은 이유
19 · 텃밭의 얼굴
20 · 청보리 소식
21 · 모내기 날
22 · 장마
23 · 기다림 끝에
24 · 여름밤
25 · 이상한 시간
26 · 연의 겨울
27 · 하지
28 · 된장찌개

제2부
것들 1

30 · 소나무
31 · 양말
32 · 꼬막 이야기
33 · 옥수수밭에서
34 · 고구마
35 · 나팔꽃
36 · 징검다리 건너
38 · 찻잔의 풍경
40 · 장갑 낀 손
41 · 맨발과 신발
42 · 다시 모인 오리 가족
43 · 어머니의 안경
44 · 채소 파는 할머니
45 · 왕거미
46 · 모자
47 · 그림자
48 · 보물 숨겨두고
50 · 선풍기

제3부
것들 2

52 • 어제 그리고 오늘
53 • 동장군이 오면
54 • 물 마시고
55 • 잡풀
56 • 저울
57 • 빈 종이상자
58 • 반려견 해피
59 • 일회용 컵
60 • 휴대전화와 새 운명
62 • 마사지
64 • 비누의 세상
65 • 명절 자동찻길
66 • 청바지 유행
68 • 누군가 가리킨 길
69 • 시냇물과 햇살
70 • 커튼콜
71 • 손부채
72 • 귀한 거시기 만나다

제4부　　76 · 고산 휴양림
자리　　77 · 마곡사
　　　　　78 · 한벽당
　　　　　79 · 오목대
　　　　　80 · 전주향교의 봄
　　　　　81 · 모악의 소리
　　　　　82 · 선암사
　　　　　84 · 지리산 뱀사골
　　　　　85 · 장항자연휴양림의 아침
　　　　　86 · 섬진강 데미샘
　　　　　87 · 만경강 비비정
　　　　　88 · 만경강
　　　　　89 · 마이산
　　　　　90 · 부안 솔섬
　　　　　91 · 눈 내리는 태조로
　　　　　92 · 성수산 상이암
　　　　　94 · 상학마을 돌담
　　　　　95 · 미륵사지 석탑

평설　　98 · 세계를 보는 관록의 눈
　　　　　　— 천세진(문화비평가, 시인)

제1부
시간의 형상

바람의 재주

비행기 날개를 띄우고
애드벌룬도 높이 띄우는
재주 많은 심술쟁이를
바람은 아이로 두었다

꽃잎을 건너다니며 춤추고
계곡에서는 색소폰을 불고
바닷가에서는
굵고 묵직한 바리톤 목소리로
뭍과 바다의 경계를 나누고

숲속 향기를 멀리까지 나르고
꾀꼬리의 노래로
나무마다 두들겨 보는 재주를
바람의 아이는 가졌다

말이 없다가

순천 매산고 교정 언덕에
백 년 넘은 매화나무가 있는데
말이 통 없다가 봄이 되면
어서 오라, 한마디

숲의 나무들은
아직 차가운 이불 속이어서
어렴풋한 음성 긴가민가한데

우수 지나 서릿발 머뭇거리는 흙길
햇빛 등 타고 오는 봄의 소리를
하나둘 챙겨 넣는 꽃망울들

귀 열고 눈 열면
불그레해지는 매산고 언덕
향기는 산 너머 마을로 향하고

춤이 끝나고

달 밝은 밤 봄꽃 축제
각황전과 네 마리 사자탑 사이
승무복 차려입은 스님이
고수의 장단에 맞추어
살풀이춤, 장삼춤, 바라춤 이어가고

춤에 이끌린 매화가
붉은 옷차림으로 덩실덩실 함께 추고
미소 띤 매화의 춤사위에
아무도 모르게 가슴 두근거렸는데

화엄사 대웅전 모퉁이
매화나무 가지마다
아침 벙글어지는 소리에
잠에서 깨어났다

다시 찾아와 펼치니

기러기 떼 울며 지나가는
산동마을 언덕을
아직 여린 아지랑이가
아롱아롱 기어오르는 사이로
꽃봉오리 문 여는 소리

문 열고 나온 손도 아직 여려
바람 불면 노란 몸짓

빨간 열매 하나 가슴에 달고
지난봄 다정했던 기억을
다시 찾아와 마주 펼치는 얼굴들

배꼽

배는 하얀 배꼽으로
복숭아는 분홍 배꼽으로
수세미는 노란 배꼽으로
봄을 만들고

벌들에게 전하는 소식은
하얀 향기, 분홍 향기
노란 향기로 알리고

향기 지나가던 어느 자리
잠 투정하는 아기 곁에서
흥얼흥얼 흐르는 자장가
배꼽의 노래 같다

뿌리의 유전

햇볕에 몸 드러내는 일
유전에 없는데
파헤쳐진 흙 위로 드러났다

멀리 남쪽에서 온
광풍에 우지끈 무너졌을 때
한두 번 있었을 일

신설 도로가 생긴다더니
포크레인이 밀고 들어온 굉음 속
넘어지고 꺾이는 신음

유전에 없는 풍경의 끝에
우리도 서고 말 텐데

호랑나비가 길 잃은 이유

바람이 잠자고 있는 동안
갈 곳을 잃은 듯
허둥지둥 날고 있다

바람이 흔들어 보낸
향기를 따라왔는데
잔치를 벌여놓고 잠들어버리다니

멀리 갈 길이어서
차려놓은 상을 맴돌며
한 모금 두 모금 마시는데

손님 부르는 사이
향기가 잘 발효가 되었나 보다
바람이 술을 너무 많이 마셨나 보다
호랑나비도 휘청휘청

텃밭의 얼굴

냉기 품었던 땅이 뒤집히고
밭두렁이 만들어지고
채소 모종이 여럿 심기고
아침저녁 발길이 이어졌다

고추꽃 잠든 자리에
붉은 매운맛이 이슬처럼 맺히고
금별처럼 반짝이는 토마토꽃
주렁주렁 맺히는 석양빛

어우렁더우렁 이어지는
발걸음 소리를 들으며
조금씩 몸을 키우는 채소들인데
사람 얼굴을 이 구석 저 구석 닮았다

청보리 소식

고창 갔던 이가 보내온
푸른 이삭 한창이라는 소식
밭둑길 따라 걸을수록
짙어지는 풋내에 가뿐해지는데

깨복쟁이 친구랑 하굣길에
풋보리 이삭 건초 불에 구워
비비던 까매진 손
저 앞에서 날 부른다

목매기 데리고 둑으로 나가
꼴을 먹이는 동안
저녁노을 내리는데
보릿대 꺾어 피리 불던 손이
저 앞에서 날 부른다

모내기 날

긴 잠을 자던 논에
물이 차오르고
써레가 바쁘게 오간다

다른 곳에서 자란 모가
옮겨지는 날이다
아침 안개가 날개 모양이더니
산을 퍼덕이게 하고
논 위쪽 아카시아 잎 사이
꽃숭어리들 새참 냄새 풍긴다

검은등뻐꾸기가 적막을 깨우자
모내기가 시작된다
논둑에 먼저 자란 것들
눈길 바쁘다

장마

속내를 알 수 없는 비구름이
멧돼지 떼처럼 몰려다니자
출입문 옆에서 한가하게 지내던
우산의 외출이 잦아지고

시냇물 소리 우렁차지자
개구리 합창 소리도 높아지고
장롱 속 곰팡이는 꿈틀꿈틀
후덥지근한 시간을 즐기기 시작하고
울타리 호박 덩굴은
잔뜩 맞은 비를 모아
뭔가를 할 생각인 것 같고

장맛비에 몸살 앓는 둑
한 시절의 몸살을 새기는 중이다

기다림 끝에

메말랐던 들판에
오래 기다렸던 비가 주룩주룩
어린 벼포기를 어루만지고 있다

서둘러 달려와
논두렁을 둘러보는 농부
반가운 눈빛이 멀리까지 닿는다

백로와 왜가리가
메말랐던 논이라 먹이가 있을 리 없는데
농부의 눈빛을 닮은 눈빛으로
비 내리는 논에 성큼 내려선다

여름밤

두레박으로 퍼 올린 우물물을
정수리에 부으며 더위를 떨치고

마당 가운데 모깃불을 피워 놓고
멍석을 깔고 식구들이 둘러앉는다

참외, 수박, 옥수수가 오르고
이야기가 지붕 위로 모락모락 오른다

매미 소리 잠잠해지는 사이
귀뚜라미 여치가 소리를 높인다

쏟아져 내리는 별빛 소나기
남쪽으로 달려가는 유성에게
소원을 비는 밤

이상한 시간

입춘 지나 난데없이 폭설이 내린다
뒤늦은 눈이 온 누리 뒤덮어
치운 눈더미가 길마다 수북하다

어제는 그렇게
눈치 없이 눈발을 퍼붓더니
오늘은 차가운 비가 당혹스럽다

겨울과 봄 사이 줄다리기가
예전 같지 않은데
경기전 매화나무 꽃눈은 애써 태연하다

때가 되면 떠나야 하고
붙잡아도 머물지 않아야 하고
오는 일을 막아서도 안 되는데

연의 겨울

덕진공원 버드나무
북풍 이불 펴고 누워
마음에 피어있는
연꽃을 보고 있다

하루가 짧게 기울어져
서쪽 하늘에 서성이는 햇살이
겨울의 모양을
붉은 천 위에 그려놓으면
공원을 찾은 시선들 몸을 떨지만

진흙 이불 속에 잠든 연
서리꽃 수놓으며 별 이야기하며
꽃 피울 때를 기다리는 중이다

하지

씨 뿌리지 않았어도 산과 들
개망초꽃 웃음소리 와글와글

빈센트 반 고흐가 번뜩 스치는
해바라기꽃은 웃음 솟는 샘

으아리꽃이 햇살을 마주하자
분홍, 빨간, 보라, 파란 몸짓으로
카멜레온처럼 수국이 색을 바꾼다

푸른 이파리들이 날갯짓하자
산딸기가 햇살을 먹고 살이 오른다

밤나무꽃 비릿한 향내가
억센 팔로 감고 도는 뜨거운 여름밤
하지가 곧인가 보다

된장찌개

서늘바람 맞으며 울타리에
넓은 잎 사이 살포시 숨은
애호박이 입맛을 돋워 보여

마트에서 사 온 호박을
뚝배기에 잘라 넣고 된장
쪽파 풋고추와 함께 펄펄 끓이고
간을 맞춘다

향긋이 다가온 찌개가
입안에 번지는 걸 쩝쩝하는 동안

어머니가 늦은 가을
담장의 호박을 따다가 보글보글
끓여 내온 찌개 맛이 겹쳐 온다

제2부
것들 1

소나무

높고 험한 준령 산꼭대기 바위틈에
터를 잡고 눈으로 이웃과 인사한다

가지, 줄기, 뿌리는 한 몸
손에 손잡고 하늘과 땅의 뜻을 살핀다

꽃 피어날 때 바람을 만나면
자기도 모르게 덩실덩실 몸 흔든다

갑작스러운 광풍에 가지 휘어지고
줄기 꺾이는 지경에 이르면
뿌리는 한목숨 던져 마지막 순간까지 버틴다

늘 믿고 싶고 받아줄 것만 같은 하늘
생명 지켜주는 흙을 가슴으로 포옹하고
이웃과 더불어 사는 게 뿌듯하다

양말

신축성 있는 긴 양말 자루에
발을 담아서 품위 있게 꾸미고
청결을 생명처럼 여기며 대기하다가
일하러 나가는 것을 보람으로 삼는다

바짓가랑이 치맛자락 아래
바깥세상이 보일 듯 말 듯
신발 언저리로 어른거리는
하얀, 노란, 붉은, 분홍빛 모습

창문도 없는 곳에서
어둠을 뒤집어쓰고
퀴퀴한 땀 냄새가 나뒹굴고
신발이 길바닥에 닿을 때마다
짓눌리는 괴로움까지 견디는

꼬막 이야기

수산시장에서 마주한 꼬막
여수 여자만 바다를
아직 못 잊는 얼굴빛이다

낮엔 갯벌 일구어 새끼 꼬막 기르고
저녁노을 드리우고 조수 밀려오면
손수 지은 토굴에서 흙이불 덮었다

하얀 구름 바닷가에 머물던 모습
갈매기 갯벌에서 먹이 사냥하던 모습
여름 천둥 먹구름에 파도 떼가
너울춤 추며 울부짖던 모습

갯내음이 가슴 짓눌러
문밖으로 나와 바다를 바라본다

옥수수밭에서

훤칠한 키, 군더더기 없는 몸
바람을 만나면 저절로 춤꾼이 된다

치렁치렁한 댕기 머리
태양의 햇살로 곱게 빗었다

백옥 같은 알갱이 입에 넣으면
은은한 달콤함에 빠져들어
온데간데없는 무더위

달팽이 걸음은 산마루로
매미의 노래 목이 쉬는 애잔한 여름

옥수수밭 위로 저녁노을 짙은데
잠자리 무리 가을의 서막을 열려고
곡예비행을 연출한다

고구마

나뭇잎들 힘 잃고 나부낄 즈음
오시는 그대를 설렘으로 기다립니다
그대는 본연의 모습
보여주는 걸 좋아하기 때문입니다

흙의 세상에 묻혀 살면서
실뿌리에서 고구마로 자랄 때
천둥 우렛소리 몇 번이나 들었습니까?

태풍이 다가와 폭우 퍼붓고 가던 일
해 질 녘 목매기의 음매 소리
뻐꾸기 울고 가던 일이 선연합니다

흙의 향기 넘실거리고
그대의 사투리 억양과 목소리에는
기쁘고 슬픈 노래가 들어 있습니다

나팔꽃

천둥, 우레 뒤따라 먹구름 비바람
여러 차례 몰려왔지만
그때마다 꿋꿋이 견뎌내며 피운 꽃

무더운 여름이면 느티나무에 기대
매미의 합창 노래에 심취하였고

별이 빛나는 밤 길섶 풀벌레의
조용한 노래가 허전한 마음 달래주었다

아침에 만났다가
해 지기 전 떠나다니
이토록 가슴을 짠하게 하는가

징검다리 건너

징검다리 건너가면
무엇이 기다리고 있을까

비를 뿌리는 구름은
이 산 저 산 징검돌 삼아 건너고
사람은 책에서 책으로 다니며
지혜를 구하고
새는 나무에서 나무로
징검징검 옮겨 다니며 속살거린다

징검돌을 옮겨 건널 때
흐르는 물이 돌을 툭툭 건드린다

오늘의 징검돌에서
낯설고 두려운 미래의 디딤돌로 건너갈 때

절망에서 허우적거리다가
희망의 디딤돌로 건너갈 때
어린이가 초등, 중등, 대학 학문의

징검다리 건너 취업의 문에 다다를 때

시냇물은 징검돌 사이 사이로 지나며
낮은 곳으로 내려가면서 귓속말 건넨다

"서둘지 말아요"

찻잔의 풍경

따뜻한 음료 담은 찻잔은
마음을 느긋하게 하고
시원한 걸 담은 유리잔은
맛깔스러운 촉감을 돋운다

애교스러운 잔과 접시는
빈센트 반 고흐의
아몬드 나무, 별이 빛나는 밤,
해바라기, 밤의 카페 테라스,
붉은 포도밭 그림이 꾸며져 있다

잔잔한 음악이 흐르고
조명 아래 점잖은 자태에
뭇시선 모이자
지인과 마주 앉은 테이블에
오밀조밀한 풍경이 차려지고

솔솔 와 닿는
맛과 향의 부드러운 흐름 속

오고 가는 대화의 언어가
정감 어린 날개를 펴고 있다

장갑 낀 손

이글거리는 용광로 앞
쓰나미 열풍의 길목에 서서
흘러내리는 쇳물을 다루는 손

복싱 경기에서 상대에게 강펀치로
녹다운을 얻어내는 글러브 낀 손

수술실에 실려 온 위급 환자의
생명을 지켜내려는 의사의 손

야구장에서 타자의 방망이를 맞고
푸른 잔디 위로 낮게 흐르는 공을
잽싸게 몸을 날려 가까스로 낚아채는
외야수의 글러브 낀 손

겁을 삼켰는지 주저주저하는 손
장갑 속에 나약함을 감싸주는
얼굴 없는 마술사가 살고 있나?

맨발과 신발

맨발로 걷는 것과 신발 신고 걷는 것 중
어느 쪽이 자유로울까?

구름은 하늘을 맨발로 걸어 자유롭고
물새는 겨울 호수를 맨발로 헤엄치고
바람은 어딜 가든
맨발이 불편하다고 말한 적 없다.

여름 해변 모래사장을 거닐 때
맨발로 걷는 것이 자유롭지않은가?
등산할 때 맨발로 산에 오를 수 있으며
건설 공사장을 맨발로 돌아다닐 수 있는가?

여름 오후 이글거리는 아스팔트 위로
달리는 화물자동차 타이어는 괜찮을까?

다시 모인 오리 가족

어미와 열 마리 새끼 오리들
연못 위 콘크리트 벼랑 둑을
판박이 걸음으로 뒤뚱뒤뚱 걷는다

어미 오리가 한 번 휙 뒤돌아보더니
"얘들아, 날 따라오너라"
둑 난간에서 연못으로 풍덩 뛰어내린다

둑 위의 새끼 오리들
한참 동안 앞으로, 뒤로, 종종걸음 하다가
한 마리가 연못에 추락하듯 뛰어내린다

어미 오리 눈을 떼지 못하고 빙글빙글
나머지 새끼 오리들 꽥꽥 소리 지르다가
하나둘 풍덩, 풍덩… 마지막 풍덩

흩어졌다가 다시 모인 오리 가족
어미 오리가 우쭐우쭐 부리 나팔 불며
물살을 헤치고 앞서 나가니
뚜루뚜루 뒤따르는 새끼 오리들

어머니의 안경

저녁 해가 지고 어두움이 밀려올 때
겨울 덕장의 황태 같은 빨랫줄의 양말이
옷 바구니로 모여든다

어머니는 벽장에서 반짇고리 꺼내 놓고
침침한 눈 달래려 돋보기안경을 쓰시며
"아들, 바늘에 실을 꿰어놓아라"

양말의 뒤꿈치와 엄지발가락 부분이
숭숭 뚫린 걸 메우려 천을 잘라
덧대고 한 땀 한 땀 수선하신다

다음 날 등교 때 신은 누더기 양말엔
어머니의 따뜻함이 한 올 한 올 스며 있다

이삿짐에서 나온 어머니의 안경 너머로
수선하여 입히시던 주름진 얼굴 선연하다

채소 파는 할머니

채소 꾸러미를 손수레에 싣고 와서
시장 어귀의 길가에 짐을 풀고
둥근 플라스틱 그릇에
가지, 양파, 참외, 오이를 진열하고
종이상자를 접어 깔고 앉았는데
건너편 상가의 벽시계는 벌써 오후 3시

다 팔고 가려는 조바심에
가격을 더 낮추어 써놓고
"양파 사요, 오이 사요"

어둠이 밀물처럼 다가오는 시간
지퍼 달린 주머니에서 지폐를 꺼내어
세종대왕과 꾸깃꾸깃한 퇴계를 세어
허리춤에 차고 수레를 끌고 돌아간다

왕거미

가로등과 느티나무 사이
투명 실로 지은 그물 그네는
재치 넘치는 바람의 놀이마당

바람이 가져온 먹잇감에
허기진 배 채우고 나서
그네를 수선하고
걷다가 타다가 졸다가

모자

거실 모자걸이에서 대기하며
주인이 외출하는가 눈여겨 살핀다

외출복 입고 소지품 가방 챙기면
기다렸다는 듯이 따라나서며
엉클어진 머리를 품위 있게 감싼다

오랫동안 함께 지낸 터라
이마에서 흐른 땀 배어들고
햇살에 긁히고 낡아진 흔적 그대로

나눈 이야기 올올 틈새에 빼곡하지만
그다지 신경 쓰지 않고 여유롭다

옆구리에 끼거나
손에 들고 다니는 걸 마다하고
어깨 위 높은 자리를 지키는
줏대 뚜렷한 자존감으로
언제나 이상의 낙원을 유전처럼 지향한다

그림자

여름 날개 활짝 펼친
햇빛 살피는 느티나무 그림자
매미의 맑은 노랫소리에
밀려오는 졸음 달콤하다

천둥 번개 소낙비 급작스럽게
다가왔다 멀어지는 꼬리를 따라
먹구름은 도시 한 가운데서
현란한 빛 내림 팬터마임을 연출한다

뒤로 붉은 저녁노을 어둠에 갇히고
캄캄한 길 밝혀주는 가로등 따라
터벅터벅 걷고 있는데

내 그림자는 피로에 젖어 있는
발걸음을 쉴만한 곳으로 안내한다

보물 숨겨두고

책장을 넘기는 동안
속삭임이 이어지고
눈을 떼지 못한다

흘러나오는 은은한 향기는
만나 본 적 없는 풍경의 것

글과 그림 뒤의 광산에서
금빛 광맥이 발견되고
지도를 잘못 읽으면
곧바로 아마존 밀림 속

킬리만자로 꼭대기의 흰 눈을 바라보는
사자의 번뜩이는 눈빛이 갑자기 나타나고
바람과 빗속을 뚫고
누 떼가 끝없이 달린다

사랑나무, 슬픔나무가 자라고
지식나무, 음악나무가 자라고

지혜나무는 빠르게 자라
그늘을 넓게 드리운 거목이 된다

서가에 조용히 자리 잡은 새 얼굴
책갈피에 보물을 숨겨두고 기다린다

선풍기

바람을 일으켜 세우려
빙글빙글 윙윙거리고
아침부터 밤까지 이어지는
찌는 무더위에 맞서
쉴 줄을 잊어야 하는 듯
도리도리

여름 매미 소리
그치는 때가 되어야
바람개비처럼
돌고 돌던 날개를 멈추고
참았던 졸음을 쏟겠지

제3부
것들 2

어제 그리고 오늘

어제 길 떠난 사람은
오늘을 꾸리려 했을 테지
어제보다 단단한
박동을 꾸리려 했을 테지

유리창 두들기는 비의 심장 소리
화폭을 지나가는 붓의 심장 소리
요리를 만드는 불의 심장 소리

그런 심장들의 울림을 모아
집을 울리고
골목을 울리고
세계를 울리려 했을 테지

저기, 한 무리
어제 길 떠난 사람들
퍼져가는 심장 뛰는 소리

동장군이 오면

시베리아를 무대 삼고 활동하다가
겨울 철새처럼 찾아오면
수은주를 뚝뚝 떨어뜨리고
호수를 두꺼운 빙판으로 바꿔버린다

꽁꽁 언 연못 위에서
스케이트, 얼음지치기에 푹 빠져
손과 발에 동상 생기는 줄 모르고

두꺼운 패딩 입은 새벽 시장 사람들
구멍 뚫린 빈 깡통에 나뭇가지 집어넣고
타오르는 불꽃 앞에서 자판대를 지켜본다

동장군 대비하여 활동 멈춘 나무
줄기와 뿌리의 희미한 박동 소리

숨 쉬는 통로를 아주 조금 열어놓고
잎눈, 꽃눈이 벙그는 시간을 기다린다

물 마시고

유혹의 꼬리 감추고 달콤한 속삭임으로
살금살금 다가오는 갖가지 음료
마트 진열대에서, 카페에서, 별난 맛 광고로
오가는 사람들을 유혹하는 시선 뜨겁다

감미롭고 짜릿한 맛이 기억 속에 맴돌아
견디지 못하고 얼떨결에 빠져드는 나약함
막걸리 마시고 가누지 못하는 발걸음
흐느적거리며 걷는 달빛 아래 낯선 골목길

심장은 태어날 때부터
깨끗한 물 마시고 쿵쿵거리는 게 소원이었다
점점 뜨거워져 소원이 버거워지는 여름
태양을 삼킨 배불뚝이 수박 한 조각 당긴다

잡풀

한여름 햇살이 걸음을
자꾸 머뭇거리는 홍원항
어선들이 띄엄띄엄 흔들리고 있는

방파제 안쪽 이음새에 돋아난 잡풀
햇살에 근육을 단련하고
밤이슬을 먹고 끈기를 기르고 있다

이곳에 정착한 것은
겉보기엔 바람의 도움이었지만
깊은 뜻을 숨긴 누군가의 계획이었겠지

고독하고 의지할 데 없는 틈 사이로
뱃고동 소리 갈매기 울음 떨어지면
소리를 먹고 꽃 피우고 씨를 날리겠지

저울

바다에서 잡아 올린 고된 하루
비린내 찌든 저울에 올라서자
바늘 향방을 쫓는 어부의 시선
이마에 주름 파도 일렁인다

덕지덕지 비늘 반짝이는 저울에
새벽 어시장 할배가 활어를 올리고
몸부림치던 바늘이 평정을 찾으면
거래는 성사된다

마음의 하늘엔 햇빛, 먹구름, 돌풍
번갈아 드나들고
매일의 사사건건 올려놓는데도
큰 저울이든 작은 저울이든
낯 붉히는 말 한마디 내뱉지 않는다

빈 종이상자

어두움이 서성거리는 새벽
노인은 상가 앞에 버려진
빈 상자를 하나하나 거두어
손수레에 시간을 쌓고
씁쓸한 마음 밧줄로 묶는다

폐지 실린 손수레를 끌며
오르막길을 한 발, 한 발,
내디디는 헉헉 소리
뒤에서 보이지 않는 손이
힘껏 밀어주고 있었다

반려견 해피

목줄에 이끌려 둑길을 걷는
작은 몸집 재롱둥이 해피

운동하러 나온 터라
꼬리로 몸통을 흔드는 장난기 부리며
앞서거니 뒤서거니
길지 않은 외출 시간이 아쉬운데

덩치 큰 누렁이가
갑자기 옆으로 지나가자
꼬리를 올려 흔드는 해피
으르렁 컹컹 소프라노 목소리다

해피, 왜 그래?
목줄을 믿고 으스대는 건가?

일회용 컵

원시림에서 자라던 순수함이
그대로 들어와 종이컵으로
대륙 깊은 곳에 잠자던 원유의 향기
플라스틱컵으로 태어나 인기다

젊은이는 아메리카노를 주문한 뒤
두 손으로 감싸고 입맞춤하고
한 모금 마시며 대화를 이어가며
차의 향기와 신비로운 맛을
눈 지그시 감고 찬미하다가
컵 바닥에 남아 있는 한 모금
마저 비우더니 쓰레기통에 버린다

짧은 만남으로
저를 사랑하는 줄
일회용인 줄 모르고

휴대전화와 새 운명

항상 손에 붙어 다니는
신통방통한 분신

손안에서 정보를 보내고 받고
정감 넘치는 음성으로 대화하고

마주 보며 영상 통화하는 사이
갑자기 메시지가 카톡방에 도착한다

집으로 가는 버스를 기다릴 때도
교통 청신호 따라 건널목 건널 때도
동행하며 갖가지 수집 정보 알려주며

카페에서 대화 중 새 정보를
챗GPT에 질문하면 답변이 척척

우주에서 온 외계인처럼
주문하는 일을 내색 없이 실행하는 중

분신이 손에서 갑작스럽게 증발하면
도리 없이 메타버스에서 떨쳐 나와
슬픈 노래를 부르며
캄캄한 길을 홀로 가야 한다

마사지

얼굴은 보여주지 않고
쉬지 않고 구르는 세월의 모서리에
긁히고 베이는 피부의 앓는 소리

주름은 늘어나고 골은 깊어지고
메말라버린 갈색의 땅
활기는 어디에 숨었는가?

한창 젊었던 시절에는
염전 바닥 하얀 결정체처럼 햇살에 반짝이고
캠프파이어 불꽃처럼 활활 타올랐는데
불꽃은 시간 속으로 묻히고
잿더미에 남은 불씨만 까물거린다

윤기를 잃은 채 사막을 헤매며
천 길 낭떠러지 난간으로 내몰린 터
피부 마사지로 달래어 보기로 했다

긴장한 근육을 풀어주고

무수한 땀샘이 제대로 작동되길 기다리며

아침에 잠에서 깨어 눈 비비고
망설이다가 거울 앞에 나를 세우니
윤기 나는 피부가 동트는 아침 같다

비누의 세상

몽돌처럼 단단해 보이는 몸
물을 만나는 순간 눈빛이 달라진다

새는 공중에서 자유로움을 만나듯이
물을 만날 때 일렁이는 거품은
부드럽고 상냥하고 경쾌한 율동이다

양말, 수건, 옷가지에 숨어든 땀,
뭇 냄새, 찌든 얼룩은
빙글빙글 춤추는 세탁기 안에서
비틀거리다가 슬렁슬렁 빠져나간다

샤워할 때 전신을 어루만지고
등줄기에 말라붙은 소금 결정체
피부에 잠자고 있는 얼룩을 쓸어낸다

자신이 닳아서 사라지는 순간까지
숨어 있는 때, 얼룩을 유연하고 말끔히
떨쳐내어 깨끗한 세상을 꿈꾼다

명절 자동찻길

명절이면 긴 길이 생기고
그 길 속으로 사방에서 나온
가족들이 쏟아져 들어간다

더디 움직이는 길
고운 옷 입고 세배했던 기억
윷놀이, 제기차기, 썰매 타던 일
주마등처럼 스쳐 지나간다

자동찻길이 맹수처럼 사나운데도
하나 같이 거북이가 되는데도
아랑곳하지 않고 길로 쏟아진다

자식의 마음 무게를 가볍게 해주려고
명절맞이로 준비한 선물 가방 끌고
굽은 허리 불편한 몸으로
역귀성 열차에 올라 의자에 기대어 앉는다

차창 밖으로 스쳐 지나가는 풍경 속에
아들 가족의 환한 얼굴이 있다

청바지 유행

하늘 교실에서 파란색을 배우고 익혀
의류계에서 청바지 인기는 하늘에 닿는다

미국 서부 광산 마을에 전국에서 모여든
광부들이 입는 작업복이
의류계의 왕족이 될 줄이야
세계인들 청바지 유행의 늪에 빠져 허우적댄다

리바이스* 로고의 최장수 인기 속
옷장에 진즉 청바지 몇 벌 준비해 두고
야외로 나갈 때, 지인 만날 때, 시장 갈 때
평상복으로 거리낌 없이 입는다

젊은이는 늘 그렇듯
무릎, 다리 부위가 찢어지고 닳아
구멍 뻥 나도록 재단한
청바지 입고 어디 가든 당당하다

하늘 뜻을 헤아리고 닮으려는가?

청바지 입고, 청색 가방 메는
하얀 얼굴, 노란 얼굴, 검은 얼굴이
도시의 거리를 누비고 있는데,
파랑새 한 마리
희망의 둥지 찾아 하늘을 날고 있다

* 리바이 스트라우스가 설립한 의류 회사

누군가 가리킨 길

항로 따라 지구를 돌아다니는 비행기
내비게이션 지시로 길을 달리는 자동차
몸속 나침반으로 시베리아에서 뉴질랜드까지
먼 하늘의 길을 숙명처럼 다니는 도요새

어군 탐지기가 보여준 바닷길에
삶을 송두리째 맡긴 채
어부는 어망을 드리우고
자나 깨나 하늘을 살피다가
장미꽃 입술마다 지은 웃음 앞에서
농부는 잠시 이정표를 잊는다

고흐는 화병의 해바라기꽃이 시들면
방향을 잃을까 싶은 염려를 화폭에 그렸고
시인은 아침 햇살에 찬연한
들꽃의 합창 소리를 향해 마음을 잡는다

나침반을 가슴에 품고 사는
어부, 농부, 화가, 시인이
소라처럼 반짝이는 바닷가

시냇물과 햇살

선운사 돌담길 따라 흐르는 도솔천 시냇물이 염불하는데, 오후 햇살이 개천가 단풍나무 잎 사이를 지나 슬그머니 냇물의 수면 위로 내려가 걸으며 시냇물의 기도에 귀 기울인다

계곡을 내려가며 낮은 소리로 속삭이는 까닭을 알고 싶습니다, 햇살이 묻는다

선운산 정상에서 비구름으로 만난 우리 구불구불 계곡을 내려오는데 도솔암에서 새어 나오는 예불 소리에 귀가 솔깃해지더니 가슴이 쿵쿵 뛰기 시작했습니다 선운사에 이르러 법당의 목탁 독경 소리에 부처의 가르침을 깨닫고자 아침저녁으로 경전을 암송하며 바다에 이르는 시간까지 기도를 이어가려 합니다, 시냇물이 답한다

나는 바다를 뒤집어 구름을 일군 뒤 선운산으로 이끌어 빗물로 내리게 하였고 오늘 도솔천에서 그대를 만나 염불하는 사연을 들으니 기쁘군요, 햇살이 속으로만 말하고 넌지시 미소를 지으며 물 위를 걸어 멀어진다

커튼콜

첫째 막이 오르자 버팔로 앞에 봄 꿈을 꾸는 나무가 푸른 잎을 내고 들풀이 일어나고 늪고 꽃이 너도나도 피고 별이 빛나는 끝없는 벌판은 동물의 세상

둘째 막으로 이어지자 사자, 표범, 코끼리, 코뿔소, 악어, 기린, 들개, 하마, 하이에나 떼와 어우러지고 풀을 뜯고 맘껏 달리고 뛰놀고 사자도 뒷걸음치게 하는 기개가 하늘까지 닿는다

셋째 막에 이르러 이가 예사롭지 않고 다리의 힘이 빠져 대열 속을 뒤처지지 않고 뛰어다니는데 버겁고 시력은 흐릿해지고 기억을 연상하는 고리는 녹이 슬어가고 끝이 안 보이는 평원에 저녁노을 드리운 후 어두움의 바다는 고요하다

연극은 끝나 장막이 서서히 내려오고 전등불이 아직 켜져 있는데 커튼콜은 어떻게 될까?

손부채

이글거리는 태양이
서산 너머로 들어간 뒤

바람 한 톨 없는 저녁

손때 찌든 부채를 쥐고
등이 구부정한 할머니
아파트 둥나무 정자 벤치에
몸을 천천히 내려놓는다

손부채 끝에서
펄떡이는 바람으로
기세를 누그러뜨리던
더위가 뜨겁던 숨을 삭이고 있다

귀한 거시기 만나다

해가 서쪽 하늘 아래로
숨어뿌고 난 뒤
반소매 티셔츠와 반바지 차림하고
삼천으로 바람 쐬러 나가부렀네잉

허리통이 참말로 불편한 할부지가
지팽막대기에 의지하여 비칠거리며
걸어가땅께

쩐빠지 입은 젊은 애편네는
멍멍이를 애기 끄는 거에 태우고
자슥 챙기듯이 씰룩씰룩 혀불더라잉

키 훤출한 젊은내는 앞 사람의
발자꾹과 일정한 거리를 두고
한 손으로 쥔 휴대폰 그거에 고마
정신이 쏙 빠져 두 눈 떼지 안 해불어

어둠시렁헌 다루 밑의 물결이 춤추더니잉
갑재기 물 우로 떠 오른 귀한 거시기
수달의 눈길과 나의 눈길이 딱 부딪쳐 부렀당께

제4부
자리

고산 휴양림

나무 우거진 휴양림 위로
구름 떼가 한가하게 지나가는데
시냇가 벚나무의 꽃봉오리들이
구름 너머 빛을 보려고 발돋움하고

오솔길로 마중 나온 골짜기 바람
멀리서 온 살갗 어루만지며
삿된 것들 떨구어내고

폐부에 숨어 있던 냄새
숨 쉴 때마다 휙 빠져나가
사방으로 흐물흐물 사라진다

돌덩이 같은 고민거리
잠시 버티다 먼지 되어 날아간다
산새에게 어떤 고민이 있는지 물어야 하나?

마곡사

봄바람 따라온 걸음 끝이 마곡사
햇살이 산사의 뜨락을 쓸고 있다

대웅전 청아한 독경 목탁 소리
바람이 스치고 가며 울린 풍경 소리

마당 가운데 오층석탑 조용하고
연등으로 둘러싸인 얼굴 자비롭다

백범당 문을 연 김구 선생
찾아온 스님과
독립운동 이야기로 날이 저무는데

저녁노을 더 짙게 하는 범종 소리에
뭇 생명들 다소곳이 합장한다

한벽당

동고산 여명에 잠에서 깬 안개
승암산 벼랑바위의 정자가
우뚝한 이유가 궁금했는지
전주천 따라 소리 없이 다가오고 있었다

바위에 부딪히는 계류의 하얀 거품이
뒷산 진달래꽃을 하늘하늘 춤추게 했는지
누런 갈대가 바람에게 묻고 있었다

한벽당 마루에 앉아
전주천 내려다볼 때 떠오른 것들
시의 옷을 입었다가
떠나가고 있었다

오목대

봄빛 생글거리는 마당 둘레에
팽나무, 배롱나무, 상수리나무 빛 번지고
새들은 들떠 가끔 소리를 높이고

남원 운봉 전투에서 승리한 이성계 장군
개성으로 귀경하던 중 선조의 고향
전주성에 들러 종친들 모시고 베푸는 연회장
거문고 가락에 춤추며 대풍가를 부르던
장수의 회심會心이 서려 있다

승암산 기슭에 우뚝 자리한 정각
빼곡히 써놓은 현판이 지난 일을 회상하는데
담대한 장수 머리 위로 벚꽃이
소나기처럼 쏟아져 내리고 있다

전주향교의 봄

동고산 그늘을 따라
여울지던 전주천
향교 대성전에 이르러 고개 숙이고

뜨락에 찾아온 봄빛 반가워
산수유는 꽃망울 뾰족뾰족
매화 향기는 안개처럼 어슬렁

까치는 나뭇가지 물어다가
은행나무에 둥지를 짓고
까각 까각 오순도순

모악의 소리

창문 열면 다가오는 모악산
눈 다음으로 소리가 다가온다

나무에서 나무로 건너다니는
노란목도리담비 까아깍 까악 소리 메아리치고

뿔 없는 고라니
두 송곳니를 방패로 산속을 누비며
가끔 훼엑 훼엑 서로 확인하고

골짜기에 꽃 피는 소리 청아하고
꽃잎이 떨어지는 소리 애처롭다

저녁해가 산 너머로 들어간 뒤
내려가는 등산객들 발길에
기도를 실어주는 대원사 범종 소리

선암사

승선교 건너 선암사로 가는 길목
신선이 내려오는 강선루에 앉아
여울져 가는 시냇물에 어딜 가느냐고 물으니
낮은 곳을 찾아가는 중이란다

봄비에 젖은 나무들은 생글생글
햇빛은 고요한 신록 속 산사로 안내한다

대웅전 마당 다소곳한 석탑은
가족의 소원을 써넣은 연등에 에워싸여
하나하나 축원하는 기도를 듣는다

사찰의 담장 옆 겹벚꽃
바람에 어깨 들썩이며 몸짓 그치지 않고
무수한 별이 내려와 피어있는 영산홍
붉은, 보라, 하얀 별 천국이다

범종루 가까이 언덕에는 동백나무
기다리는 마음 아쉬움을 어찌지 못해

땅에 누어서도 애처로워 눈 감지 못한다

조계산 기슭에 고즈넉한 수행의 도량
뭇 생명은 삶의 등불로 주위를 밝히고 있다

지리산 뱀사골

어느 화가가 뱀사골에 찾아와
푸른 캔버스에 골짜기와 나무숲을
울긋불긋 붓을 놀렸나

서산 언저리 해는 산자락에 얼굴 묻고
산그림자 뒤따라 어두움이 다가오자
감나무는 등불 켜 들고 밤길 밝히는데

기약 없이 떠난 낙엽
등산객을 만나면 반가움에 부스럭거리다가
계곡 바위 위에 팔 베고 누웠다가
바람이 숲 사이로 지날 때 따라나섰다가
재잘거리는 시냇물 만나면 홀연 동행하며
폭포에 휘돌며 쉬다 자다 유유자적 여행길

빛바랜 단벌 차림에
살랑이는 가냘픈 목소리에
뱀사골은 먹먹한데
을씨년스러운 계절이어서는 아니다

장항자연휴양림의 아침

햇살이 장항자연휴양림
이곳저곳을 거닐자
그늘 사이가 따뜻해지고

적막이 잠자는 곰솔 숲 사이로
갯바람이 지나가자
여명이 조금 옅어진다

갈매기 한 마리가 차분히
숲 위를 한 바퀴 돌자
고요했던 것들이
바다로 향해 움직이기 시작하고

바다에서 온 윤슬이
소나무 밑에 무리를 이루고 사는
맥문동꽃 보라색을
눈부시게 닦는 아침

섬진강 데미샘

진안고원 준령을 넘은 비구름
굴참나무 숲에 내리는 빗방울이
바윗돌에 살포시 입 맞추고

비탈진 돌 더미에서 잠자고 있다가
쫄쫄거리며 데미샘에 모인 뒤
하늘 우러르고 늠름한 나무를 포옹한다

때때로 새와 짐승이 샘에 찾아와
와자지껄 수다 떨고 춤추고 노래하다
한 모금 마시고 흩어진다

계곡을 내려가며 흥얼흥얼
산을 만나면 구불구불 돌아가고
댐을 만나면 다 채우고 난 뒤 넘고
바다로 가는 길 더디지만 서둘지 않는다

만경강 비비정

철새들이 못 잊어 찾아오고
시선도 흐르다 서는
만경강 철교 옆 비비정

햇빛 조용히 쏟아지는 늦가을 오후
지나온 길의 향수에 젖은 강물
갈대 빛 물든 눈빛으로
만경 들판을 바라본다

백발 억새는 한바탕 탱고를 추고
청둥오리 떼는 세월의 강물을 마신다

벚나무 뒤편에서 쉬던 구름
바람이 일군 윤슬을 지켜보다가
갈대 가족의 이별 장면으로
애처로운 눈길 돌리는데
누가 비비정에서
늦가을 철새 떼의
분분한 날갯짓 소리 사이로
플루트 소리를 내보내는 걸까

만경강

강가의 버드나무 목을 축이고
갈대 무리는 허리를 쭉 펴고 있다

큰 바위 넘은 위봉폭포 소리
송광사 종각에서 흐른 저녁 종소리
재잘거리는 냇물에 스며들고
왁자지껄한 남부 시장 사람들
눈물 닦아주고 돌아서는 전주천
기다리는 만경강 넓은 가슴에 안긴다

터벅터벅 걸어오는 저녁 해 설핏하고
망해사 앞 강의 끝없는 갈대밭 위로
백로 떼 날아오르는데
먼 길에 고단했을 강물을
바다가 부둥켜안고 일렁인다

마이산

크고 작은 산들 옹기종기 모인
진안고원에 우뚝한 바위산

오고 가는 계절 따라
바람의 이야기 듣던 봉우리를
안개가 감쌌다가 풀어놓으면
이야기가 하늘까지 닿는다

말 무리는 고원에서 뛰며 쉬며 달리며
갈증 나면 사양제의 호숫물 마시고
달려가야 할 광야를 응시한다

광활한 진안고원에서
기개 높은 말 달리는 소리
호탕한 웃음소리 메아리친다

부안 솔섬

부안 앞바다 조그만 바위섬
바람이 씨앗을 묻은 자리에서
자라난 소나무들 숲을 이루었다

밤낮으로 드나드는 조류가
찰싹찰싹 어루만지며 안아주자
하얀 안개와 빗물로 몸을 치장한 뒤
끼룩끼룩 갈매기 인사로 하루를 시작한다

노을 드리우고 하늘과 바다가
이루는 경계선 위에 태양이 다가서는 순간
소나무는 둥근 얼굴에 비비며 포옹하고
황금빛 무희의 현란한 춤 어둠에 묻힌다

맘 내키는 대로 왔다가
슬그머니 떠나는 구름
어마한 태풍이다가
풀잎 흔드는 명지바람
솔섬은 외롭다는 말
입술에 올려놓은 적 없다

눈 내리는 태조로

을사년 겨울 눈이 자꾸 찾아온다
대설 예보 소식을 마음에 새겨놓고
동트는 새벽에 눈이 펑펑 내리는
전주 고도의 풍경을 맘에 그려본다

지난밤 내린 눈으로 고래등
기와집은 하얀 이불 속에 잠들고
순백 꽃으로 카펫 깔린 태조로
회화나무 가로수에 별만큼 하얀 꽃

금세라도 백발 수염의 이태조
비단신을 신고 청룡포 차림에
신하들과 산책하러 나올 것 같더니

갑자기 눈앞에 하염없이 내리는 함박눈
이성계는 하얀 꽃길을 사뿐히 거닐며
비상하는 천년 고도를 그려보고 있다

성수산 상이암

노령의 첩첩 준령 성수산
불심의 주춧돌 상이암에서
백일기도 수행하는 가운데

영광스러운 고려국을 맞이한 왕건은
땅을 구르며 덩실덩실 춤추고
이성계는 다소곳이 조선국을
가슴으로 포옹한다

어둠이 사방을 누르고 있는 동안
법당 노승의 청아한 독경 목탁 소리
산사의 고요의 늪을 스치고 가는 울림

대웅전 마당 화백나무는 합장하고
아침 햇빛은 부처 앞에 엎드려 절하고
계곡 유수는 쉬엄쉬엄,
강을 만나 유유자적
바다로 가는 여로에 나무, 물고기들
시원스럽고 자애로운 눈빛으로 포옹한다

하늘은 무수한 귀를 열어 놓고
땅의 시선은 높은 데로 향하고
하늘의 뜻과 땅의 소망이 서로 마주하여
오직 기도에 정진하는 사찰

상학마을 돌담

수려한 두승산 기슭 상학마을
제멋대로 생긴 돌들로 쌓은
오래도록 마을을 지켜온 자랑인 담

무량한 세월 속에 모난 돌
계류의 숫돌에 갈고 문지르고
서로 부딪고 넘어지고 뒹굴어
크기가 다르고 색깔이 다르고 생김새 각각
새로 태어나 품위 있고 유연한 위엄이다

개천 태생으로 개성 뚜렷한 돌들이
모여서 쌓아 올린 담벽에
세월이 그려놓은 수묵화
돌담길 들어서면 눈빛들 마음 꽂힌다

미륵사지 석탑

절터 기반을 다진 뒤
탑을 세울 자리를 도는
합장한 손길 오래 이어졌겠지

산과 바위는 변할지라도
탑은 세세 무너지지 말라고
장인이 또닥또닥 돌을 두드리는 사이
기도 소리 촘촘히 채워졌겠지

세월의 무게에 눌려
넘어지고 다친 허리 어찌해야 하나?

엎드려 누워있는 시간이 어찌나 긴지
장애인의 몸으로 겨우 일어나
건너편 만경강에 가는 길을 물었더니
세월과 동행하고 있다고 한다

평설

| 평설 |

세계를 보는 관록의 눈

— **천세진**(문화비평가, 시인)

1. 관록의 두 풍경

삶은 관록을 만들어내고, 두 가지 모습으로 나타난다. 하나는 오랫동안 생각해온 가치를 심화한 모습이고, 다른 하나는 중시해온 가치와 도외시했던 가치들과의 연결을 도모하는 모습이다.

전자는 전통적인 문화와 가치를 보전하는 힘이 되지만 변화를 거부하는 아집이 되기도 한다. 후자는 가치들을 연결하여 정반합의 결과물을 만들어낼 수도 있지만, 표피적 결합의 키메라chimera를 만들어낼 수도 있다.

인간의 삶은 수많은 가치가 투쟁하는 장소다. 리처드 도킨스(Clinton Richard Dawkins, 1941~, 진화생물학자)는 『이기적 유전자 The Selfish Gene』(1976년)에서 "우리는 생존 기계다. 즉, 우리는 유전자로 알려진 이기적인 분자들을 보존하기 위해 맹목적으로 프로그램된 로봇 운반자들이다."라고 썼다.

 '가치'도 생물학적 유전자처럼 인간을 숙주로 삼아 발현된다. 인간마다 다른 가치를 따르는 것은 처한 환경이 다른 때문이지만, 같은 환경에서도 다른 가치가 태어나는 것은 가치의 마력이 숙주마다 다르게 발현되기 때문이다.

 인간은 가치를 상징하는 존재가 될 수 있지만 가치는 후천의 것이다. '가치적 인간'은 본연本然이 아니다. 태어난 이후에 생에 끼어든 숙주가 조종하는 상태다. 가치는─명확히 가르는 일이 불가능하고, 옳게 가르는 경우도 드물지만─ 선악, 미추美醜를 적용하여 세계를 가른다. 예술작품들이 그 적용에 이용되기도 한다. 관록은 가치에서 놓여날 수도 있지만, 매이게도 한다. 예술가는 그 상황을 예민하게 인지하는 존재여야 한다.

 박영삼 시인은 오랜 기간 가르치는 일을 했고, 사진작가로 활동해왔다. 사진 개인전을 11회 열었고, 국제단체사진전에 8회 참여했고, 『삶의 터전』, 『여행자의 잔상』, 『전주 태조로 완상』이란 사진집을 출간한 이력이 있다.

 이력은 관록을 만드는 중요한 요소다. 박영삼 시인의 시를 이해하기 위해서는 가르치는 이, 사진작가의 이력이 삶의 한 축을 이루고 있다는 사실을 고려해야 한다. 관록은 세계를 바라보는 창이기 때문이다. 그의 시에서 '풍경'이 차지하는 몫이 다른 시인들보다 크고 중요한 이유다.

2. 풍경과 시선

박영삼 시인의 작품 속 풍경은 실재하는 풍경이 많다. 풍경을 창조할 권한이 시인에게 주어져 있지만, 박영삼 시인은 그 권한을 제한적으로만 행사한다. 사진작가이기 때문일지도 모른다.

사진이 온전히 실재를 반영하지는 않는다. 실재가 작품 속 풍경으로 옮겨가는 동안에 실재와 조금은 다른 작가가 의도하거나 의도하지 않은 풍경이 반드시 생겨난다. 그런 발생은 창작물이 갖는 필연적 과정이다. 그 과정에서 주목할 것은 '관계'다.

수전 손택(Susan Sontag, 1933~2004)은 『사진에 관하여 On Photography』(1977년)에서 "사진을 찍는다는 것은 사진에 찍힌 대상을 전유한다는 것이다. 그러니까 자기 자신과 세계가 특정한 관계를 맺도록 만드는 것"이라고 썼다. 시 속에 구축된 모든 풍경은 작가와 '관계'를 맺는다. 그렇지 않은 풍경은 존재하지 않는다.

박영삼 시인은 1부 〈시간의 형상〉, 2부 〈것들1〉, 3부 〈것들2〉, 4부 〈자리〉에서 일관되게 풍경에 주목하고 있다. 그

렇다고 시집 전체가 같은 풍경을 가진 것은 아니다. 1부에서는 풍경의 시간성에 주목하고 있고, 2부와 3부에서는 풍경을 이루고 있는 사물들, 4부에서는 특별한 이름을 가진 풍경으로서의 공간에 주목하고 있다.

1) 1부 〈시간의 형상〉의 풍경

박영삼의 시는 자연을 노래하면서도 단순한 찬미를 넘어서 생명과의 관계를 탐색한다. 그의 언어는 조용하지만, 그 안에는 생태적 감수성과 존재론적 사유가 교차한다. 시들은 한 해의 사계절을 순환하듯, 바람이 일고 꽃이 피고 비가 내리고 눈이 오는 자연의 리듬을 따라간다. 그 안에서 시인은 인간과 사물, 생명과 시간의 경계를 허물며 함께 살아가는 존재들의 질서를 발견한다.

> 때가 되면 떠나야 하고
>
> 붙잡아도 머물지 않아야 하고
>
> 오는 일을 막아서도 안 되는데
>
> ―「이상한 시간」 부분

그 질서는 막아서는 안 되는 것이지만, 함께 존재해야 하는 것이기도 하다. 시들은 연작처럼 서로 연결되어 있다. 바람에서 시작해 물로 이어지고, 봄에서 시작해 겨울로 이어지는 시적 여정은 곧 자연의 순환 구조이자 생명의 원형적 서사다. 박영삼의 시는 자연과 인간, 시간과 기억을 분리하지 않는다. 그에게 세계는 언제나 관계의 장이며, 시는 그 관계를 회복하는 언어다.

그의 시적 주체는 자연을 바라보는 관찰자가 아니라, 그 안에서 함께 호흡하는 존재다. 그래서 그의 시어는 소박하고 따뜻하며, 때로는 농부의 눈빛처럼 깊다. 시인은 징검다리처럼 존재와 존재를 잇는다.

2) 〈것들 1〉의 풍경

2부는 자연과 일상, 그리고 인간의 노동과 사물의 세계가 맞닿는 풍경 속에서 인간의 삶과 깊은 관계를 맺고 있는 사물을 통하여 생명의 온기를 포착한다. 1부가 자연의 호흡을 중심으로 생명의 시간성을 풍경으로 포착하려 했다면, 2부는 한층 구체적인 사물과 풍경 속에서 '살아 있음'의 의미를 탐색한다.

시인은 소나무, 꼬막, 옥수수, 고구마, 오리 가족, 왕거미 등의 생명체와 양말, 신발, 안경, 모자, 선풍기, 책 등 삶과 관계된 구체적 대상을 통해 생명체와 사물의 관계망을 구축하며, 그것들이 지닌 내면적 윤리와 인간의 존재적 태도를 병치한다. 생물이든 무생물이든 모든 사물이 각자의 방식으로 세월을 견디고, 인간의 마음을 닮아가며, 그 자체로 생의 의미를 드러내는 언어가 된다.

> 창문도 없는 곳에서
> 어둠을 뒤집어쓰고
> 퀴퀴한 땀 냄새가 나뒹굴고
> 신발이 길바닥에 닿을 때마다
> 짓눌리는 괴로움까지 견디는
> ─「양말」 부분

「양말」에서 확인할 수 있는 것처럼, 관계의 풍경은 아름답지 않다. 시인은 존재의 본질을 어둡고 냄새나는 공간에서의 '닳아짐'과 '견딤'의 미학으로 포착한다. 생명체가 등장하는 시편들에서도 시인이 바라보는 존재의 윤리는 더불어 버티는 생명의 도리다. 몇 편의 시를 통해 살펴보자.

〈꼬막 이야기〉는 인간과 자연이 교감하는 생활의 서정을 통해 생명의 기억을 복원한다. 갯벌의 흙 이불 속에서 '흙냄새'를 품고 사는 꼬막은, 고향을 잊지 못하는 사람의 마음을 닮았다. 바다의 리듬은 삶의 순환을 닮았고, 조수의 밀고 당김 속에 생명의 근본적인 그리움이 깃든다. 이런 서정은 〈옥수수밭에서〉, 〈고구마〉, 〈나팔꽃〉으로 이어지며 더욱 일상적인 감각으로 확장된다. 그 속에는 노동의 땀, 흙의 향기, 그리고 인간 존재의 원형적 기억이 겹겹이 쌓여 있다. 〈나팔꽃〉은 잠시 피었다 사라지는 꽃의 운명 속에서 생의 덧없음과 아름다움을 동시에 담아낸다. 해가 지기 전 사라지는 꽃의 짧은 생애는 덧없음이 아니라, 찰나의 순간을 다해 빛나는 생의 형식으로 읽힌다.

〈징검다리 건너〉는 상징적이다. 징검다리는 시인이 세계를 바라보는 상징적 매체다. 미래, 절망과 희망, 자연과 인간을 잇는 다리다. 징검돌을 건너는 행위는 곧 삶을 건너는 행위이며, 그 사이로 흐르는 시냇물은 시간과 존재의 흐름이다. 시인은 "서둘지 말아요"라는 물의 속삭임을 통해 자연의 질서를 받아들이는 법, 삶의 속도를 조율하는 지혜를 제시한다. 이는 인생의 여러 경계를 건너는 모든 존재에게 건네는 따뜻한 위로이자 성찰의 목소리다.

〈찻잔의 풍경〉과 〈장갑 낀 손〉, 〈맨발과 신발〉, 〈어머니의 안경〉으로 이어지는 시들은 사물의 윤리를 탐구하는 풍경을 담고 있다. 시인은 찻잔, 장갑, 신발, 안경처럼 인간의 일상과 밀착된 사물에 생명을 부여하고, 그것들이 지닌 도덕적 태도를 발견한다. 찻잔은 관계의 온도를 측정하는 도구로, 양말은 청결과 인내의 은밀한 미학으로, 어머니의 안경은 세월과 사랑의 기억으로 재해석된다. 시인은 일상의 가장 낮은 자리에서 생명의 윤리를 발견하고, 그 사소한 사물들로 인간의 세계가 지탱되고 있다고 말한다.

3) 〈것들2〉의 풍경

3부는 이전 부들에서 보여주었던 자연 중심적 서정의 세계가 사회와 문명의 층위로 확장되는 지점에 서 있다. 이곳에서는 바람, 꽃, 나무 대신 장갑, 비누, 일회용 컵, 휴대전화, 청바지, 고속도로 같은 문명적 사물과 상황들이 시의 주체가 되어 등장한다. 시인은 문명의 표면을 덮고 있는 익숙한 물질들에 깃든 생명성과 윤리를 탐색한다.

〈것들2〉의 시편들은 '생명에 대한 감각'을 문명적 사물과 그로 인해 변화한 일상 속으로 옮겨와 변주한다.

> 매일의 사사건건 올려놓는데도
> 큰 저울이든 작은 저울이든
> 낯 붉히는 말 한마디 내뱉지 않는다
> ―「저울」부분

> 짧은 만남으로
> 저를 사랑하는 줄

일회용인 줄 모르고
　　　―「일회용 컵」 부분

「저울」과 「일회용 컵」은 인간의 욕망과 교환, 소비의 장면을 그리지만, 단순한 비판을 넘어선 성찰을 보여준다. 「저울」에서 시인은 어시장 저울 위의 생선과 그 위를 응시하는 어부의 시선을 포착한다. "큰 저울이든 작은 저울이든 / 낯 붉히는 말 한마디 내뱉지 않는다"는 구절은, 세속적 이익의 자리에서도 묵묵히 제 몫을 다하는 사물의 침묵 속에서 윤리적 평정을 발견하는 대목이다. 반면 「일회용 컵」은 '짧은 만남'으로 끝나는 인간의 관계를 소비의 이미지로 비유한다. "짧은 만남으로 / 저를 사랑하는 줄 / 일회용인 줄 모르고"라는 역설은, 인간의 정감이 사물처럼 일회용으로 전락해 가는 시대의 자화상을 비추는 통렬한 아이러니다.

이 문명 비유의 시선은 「휴대전화와 새 운명」에서 정점에 이른다. 시인은 스마트폰을 '신통방통한 분신'이라 부르며 인간과 기계의 경계를 흐린다. "챗GPT에 질문하면 답변이 척척"이라는 표현에서 드러나듯, 인간의 사유는 이미 기계의 계산과 공존하는 상태다. 그러나 시인은 이 관계를 단순한 풍자로 그치지 않는다. '분신이 증발하면 / 캄캄한 길을 홀로 가야 한다'는 결구는, 기술에 의존한 현대인의 고립된

실존을 섬세하게 드러내고 문명과 인간의 새로운 윤리적 관계에 대한 물음을 남긴다.

　물질의 윤리와 더불어 이 부에는 '닳아 사라지는 존재들'에 대한 연민이 깊게 배어 있다.「마사지」와「비누의 세상」은 모두 '몸'과 '피부'의 감각을 중심으로 하여, 삶의 마모와 세월의 흔적을 은유한다. 비누의 희생적 존재 방식은 시인의 세계관을 함축한다. 인간과 사물의 구분을 넘어, 세상에 닳아 사라지면서도 무언가를 정화시키는 존재의 자세를 드러내는 역할을 맡고 있다.

　「빈 종이상자」,「명절 자동찻길」,「청바지 유행」, 등에서는 사회적 풍경이 서정의 언어로 옮겨진다.「청바지 유행」은 전 지구적 소비문화의 상징을 통해 인간의 욕망과 평등의 허상을 동시에 드러낸다. "하늘 교실에서 파란색을 배우고 익혀"라는 표현은 청바지를 입은 인류 전체가 하늘의 상징을 꿈꾸는 존재임을 말하면서도, 그 꿈이 자본의 시장 속에서 얼마나 균질화되어 있는가를 드러낸다.

　이처럼 3부의 시들은 자연을 직접 노래하기보다는, 인간의 생활과 사물의 세계 속에서 '살아 있음'의 의미를 복원한다. 잡풀에서 비누, 청바지, 손부채에 이르기까지 ― 시인의 시선은 모든 존재의 층위를 평등하게 바라보며, '시적 생명'이 깃든 사물들을 일상의 자리에서 되살린다. 이러한 시적 태도는 물질과 인간, 생명과 문명이 서로를 잠식하지 않고 공존할 수 있다는 믿음에서 비롯된다.

4) 〈자리〉의 풍경

풍경은 공간이다. 인간은 모든 공간에 대해 말할 수 없다. 일부의 공간에 머물 뿐이다. 4부의 공간들은 사진작가로서의 박영삼 시인이 잘 알고 있는 공간이고, 그의 시선을 가장 많이 느낄 수 있는 시들로 구성되어 있다.

공간에서 공간으로의 여정은 시인의 내면이 자연과 역사를 통과하여 궁극의 평화에 이르는 여정이다. 이곳의 배경은 대부분 산사와 강, 고향의 산천이며, 시간의 결이 매우 느리다. 시인은 이 느림 속에서 인간의 근원과 생명의 본질을 묻는다.

「고산 휴양림」에서 시작되는 산과 강, 절과 탑의 풍경들은 단순한 자연이 아니라 '깨달음의 공간'이다. 「마곡사」와 「모악의 소리」, 「선암사」에서는 불교적 사유가 시의 근저를 이룬다. 시인은 나무와 바람, 종소리와 꽃잎 속에서 존재의 본질적 고요를 들려준다.

「한벽당」과 「오목대」, 「전주향교의 봄」 등은 역사와 기억의 장소를 통해 개인의 생이 역사적 시간과 맞닿는 순간을 그린다. 벚꽃과 바람, 석탑과 범종은 모두 '시간을 품은 사물'

로 제시되며, 그 안에서 시인은 과거의 흔적을 현재의 생동으로 되살린다.

역사적 의미를 따로 볼 필요도 있다. 마곡사, 오목대, 성이암, 미륵사지 석탑 등은 한국의 역사적 기억이 서린 공간이다. 「마곡사」에서는 김구 선생의 독립운동 이야기가 바람과 범종 소리 속에서 재생되고, 「오목대」에서는 이성계의 회심과 전주의 풍광이 겹쳐지며 '영웅의 회한'이 서린다. 「성수산 상이암」에서는 고려와 조선의 개국사를 불교적 정화의 공간 속에 병치시켜 놓았다.

이처럼 시인은 공간의 표피적 아름다움을 넘어서, 역사적 시간의 심층을 탐사한다. 각 장소는 한 인간, 한 문명, 한 시대의 정서가 켜켜이 쌓인 정신의 퇴적층이다. 그 퇴적층을 시적 언어로 긁어 올릴 때, 시는 단순한 풍경시를 넘어 기억의 미학으로 확장된다.

「지리산 뱀사골」, 「섬진강 데미샘」, 「만경강」에 이르면, 생명은 다시 물의 이미지로 돌아간다. 샘에서 강으로, 강에서 바다로 이어지는 흐름은 인간의 삶이 자연의 순환 속으로 흡수되는 과정이고 시인의 서정이 다시 '고향'과 '역사'의 강으로 흘러드는 장면이다. 강은 시간의 은유이며, 시인은 그 흐름 속에서 삶의 상처와 위안을 동시에 포착한다.

마지막 시 「미륵사지 석탑」은 시집 전체의 상징적 결말이다. 세월의 무게에 눌린 탑이 "장애인의 몸으로 겨우 일어나 / 세월과 동행하고 있단다"는 구절은, 인간의 존재와 중첩시켜 무너짐 속에서도 다시 일어서는 생의 의지를 보여준다. 시인은 인간의 상처와 세월의 무게를 부정하지 않고, 그것을 포용함으로써 화해의 경지에 도달한다.

3. 풍경과 징검다리의 의미

 풍경이 있고, 풍경을 응시하는 카메라가 있다. 카메라의 눈이 옮겨진다. 눈이 옮겨져 앵글 속에서 풍경이 사라져도 풍경은 여전히 존재한다. 인간을 바라보는 눈과 사물을 바라보는 눈이 사라져도 인간과 사물 또한 그렇게 존재한다. 박영삼 시인은 사진을 찍으며 눈에 보이는 방식과 눈에 보이지 않는 방식의 세계를 느꼈을 것이다. 보이든 보이지 않든 여전히 존재하는 세계의 명암을 언어로 바꾸려 했을 것이다. 무엇을 위해서였을까.
 박영삼 시인의 『징검다리 건너』의 세계는 '생명과 시간, 상처와 회복'을 잇는 다리 위에서 완성된다. 바로 그것을 꿈꾸었을 것이다.
 시인은 자연의 언어로 인간의 삶을 번역하고, 인간의 경험으로 자연의 질서를 해석한다. 바람에서 흙으로, 시간에서 공간으로 이어지는 여정은 결국 귀향이다. 고향으로의 귀향이자, 존재의 근원으로 돌아가는 귀향이다.

  귀향의 길을 울리는 박영삼의 시는 조용하다. 그러나 그 고요 속에는 세월을 견딘 언어의 깊은 울림이 있다. 관록의 울림일 것이다.

  그 울림은 삶의 격랑을 건너온 자만이 도달할 수 있는 언어이며, 그 언어로 시인은 징검다리를 건너고 있다.

박영삼 시집

징검다리 건너

인쇄 | 2025년 11월 10일
발행 | 2025년 11월 14일

지은이 박영삼
펴낸이 서정환
펴낸곳 문예연구
주소 전북 전주시 완산구 공북1길 16
전화 063) 275-4000
팩스 063) 274-3131
E-mail   munye321@hanmail.net
출판등록 제2023-000024호.
인쇄 · 제본 신아문예사

저작권자 ⓒ 2025, 박영삼
이 책의 저작권은 저자에게 있습니다. 서면에 의한 저자의 허락 없이 내용의 일부를 인용하
거나 발췌하는 것을 금합니다.
COPYRIGHT ⓒ 2025 by Park Young sam
All right reserved including the rights of reproduction in whole or in part in any form.
저자와 협의, 인지는 생략합니다.
잘못된 책은 바꿔 드립니다.

ISBN 979-11-993683-1-6 (03810)
값 12,000원

Printed in KOREA